AF500529

LE

GRAND COUPABLE

DANS LES

MALHEURS DE LA FRANCE

PRÉFACE

DU XXIVe VOLUME DES ŒUVRES

DE SAINT-SIMON ET D'ENFANTIN

PARIS

E. DENTU, ÉDITEUR

LIBRAIRIE DE LA SOCIÉTÉ DES GENS DE LETTRES

PALAIS-ROYAL, 17 ET 19, GALERIE D'ORLÉANS

1872

LE

GRAND COUPABLE

DANS LES

MALHEURS DE LA FRANCE

PRÉFACE

DU XXIVe VOLUME DES ŒUVRES

DE SAINT-SIMON ET D'ENFANTIN

PARIS

E. DENTU, ÉDITEUR

LIBRAIRE DE LA SOCIÉTÉ DES GENS DE LETTRES

PALAIS-ROYAL, 17 ET 19, GALERIE D'ORLÉANS

1872

Paris, imprimerie Paul Dupont, rue J.-J. Rousseau, 41 (778.2.72)

LE

GRAND COUPABLE

DANS

LES MALHEURS DE LA FRANCE

La publication des Œuvres de Saint-Simon et d'Enfantin a été interrompue par une des crises les plus terribles et les plus désastreuses que la France ait jamais eues à subir. Quand la barbarie étrangère et le vandalisme indigène semblaient s'être donné le mot pour couvrir tour à tour notre beau pays de sang et de ruines, il n'y avait pas place, évidemment, sous cet horrible règne de la force brutale et au milieu des cris de fureur et de rage de cette sauvagerie à double face, il n'y avait pas place pour l'enseignement philosophique et religieux, pour la propagande pacifique de la grande pensée de l'association universelle des peuples.

Et maintenant que le meurtre, le pillage et l'incendie ont cessé, que fait la masse des gens sensés, des hommes paisibles qui ont tant souffert et tant gémi pendant dix mois des ravages du fer et du feu ? Que fait l'immense majorité des modérés de tous les partis? que font les directeurs et les conseillers politiques, officiels ou officieux, de la nation si cruellement flagellée? Songent-ils au moins, non-seulement à cicatriser ses plaies d'hier, mais surtout à la préserver de celles de demain ?

Non ! leurs soins, leur sollicitude, leur prévoyance ne vont pas jusque-là ! Le gémissement universel a fait place à un cri général de récrimination. Tandis que les vainqueurs, dans la guerre civile, multiplient les enquêtes et les tribunaux spéciaux, soit pour découvrir et punir les auteurs de nos désastres militaires, soit pour châtier exemplairement les auteurs principaux des crimes du Comité central et de la Commune, les vaincus s'efforcent de rejeter sur leurs adversaires victorieux la responsabilité de leurs propres excès. L'ochlocratie parisienne allègue l'aveuglement et la fièvre réactionnaire de l'oligarchie comme ayant provoqué son délire et sa férocité révolutionnaires. L'histoire prononcera dans cette affreuse cause; elle fera la part des fautes comme celle des crimes, en réservant toujours ses condamnations les plus rigoureuses et ses flétrissures indélébiles pour les violateurs atroces des saintes lois de l'humanité.

Mais si l'histoire exerce une haute juridiction, si elle accomplit une grande œuvre, en jetant sur le passé une lumière nécessaire à l'avenir pour éclairer l'esprit humain sur les conditions de sa marche ascendante, c'est à la politique, maîtresse du présent, de veiller à ce que rien ne se perde des rayons lumineux de l'expérience et à ce que le grand jour se fasse le plus possible sur les obstacles et les périls qui bordent la route du progrès social.

Ainsi, il ne suffit pas aujourd'hui d'être assuré que l'histoire accomplira dignement sa tâche d'appréciation : ce qui importe par-dessus tout à la nation française et à la société européenne tout entière, c'est que la politique gouvernante remplisse également son rôle d'action avec vigueur, avec perspicacité et surtout avec prévoyance ; c'est qu'au lieu de se borner à constater et à réprimer rigoureusement les excès qui ont épouvanté le monde, elle s'applique davantage à en prévenir le retour, par une étude sérieuse et approfondie de leur caractère fondamental, de leur origine certaine et de leur cause permanente.

I

Combien n'est-il donc pas regrettable que tant de gens s'agitent autour ou dans le sein même des pouvoirs publics pour rejeter la France, tant meurtrie par les derniers orages, dans la voie des bouleversements et des catastrophes, en la réduisant à la dure extrémité de choisir entre deux ou trois révolutions monarchiques !

Oh ! oui, la France a besoin de repos, de stabilité, pour réparer ses immenses désastres et reprendre, avec son ascendant politique en Europe, sa suprématie civilisatrice sur le monde ! Mais pour acquérir cette stabilité régénératrice, il faut se garder de la chercher dans les ruines du passé, où il n'y a plus que des ferments révolutionnaires.

Le mal est grand sans doute. La vieille Europe est plus malade encore qu'au temps où De Maistre disait qu'il s'en allait avec elle. La race latine surtout est en proie aux accès délirants et aux mouvements convulsifs qui signalent une fin prochaine. Deux barbaries, l'une externe, l'autre interne, l'ont assaillie en même temps en France et la menacent encore partout.

Aux derniers jours de la république romaine, quand les dieux d'Homère se retiraient devant les atomes d'Epicure et de Lucrèce, et que les augures ne pouvaient plus se regarder sans rire, l'athéisme, générateur fécond de l'égoïsme, envahissait de plus en plus la cité romaine et démoralisait profondément les maîtres du monde. Le colosse latin se trouva dès lors, comme aujourd'hui, attaqué à la fois par les barbares de la Germanie, Cimbres et Teutons, ancêtres des Prussiens, par les socialistes indigènes, Saturnin et Catilina, héritiers des Gracques, et par l'insurrection des esclaves, aux ordres de Spartacus, lesquels formaient une véritable ligue internationale pour la conquête de la liberté universelle, car ils ne se composaient pas seulement de Romains et de Grecs, mais aussi de Gaulois, de Thraces et de Germains.

Rome, sceptique et dissolue, triompha néanmoins tout d'abord de cette triple et formidable agression. Les armées innombrables des Germains furent partout taillées en pièces ; d'un autre côté, l'Agrariat succomba dans une émeute qui provoqua une répression impitoyable, et les abolitionnistes *internationaux* de l'esclavage, après quelques succès éphémères, périrent tous les armes à la main.

Mais, ni la barbarie germanique, ni le socialisme romain, ni le libéralisme international, ne furent définitivement vaincus.

1° Les peuplades qui, au delà du Rhin et du Danube, rêvaient et enviaient la possession de climats plus doux, continuèrent leurs excursions dans les provinces romaines de l'Europe méridionale et finirent par s'y établir en y fondant des royaumes, des empires et même des républiques ;

2° D'un autre côté, l'avénement des Césars, sans être le signal de la réalisation formelle du programme des Gracques, coïncida avec l'introduction dans la législation romaine de modifications selon les vues démocratiques de ces illustres socialistes. La supériorité politique, le droit absolu, la verge de fer dont les anciennes lois avaient armé le patricien, le maître, le père, le mari et le créancier, à l'égard du plébéïen, de l'esclave, de l'affranchi, du colon, du débiteur, de la femme et des enfants; le principe du pouvoir absolu, proclamé et pratiqué dans la famille et dans la cité, devint l'objet de libérales et salutaires réformes; et pour couronner toutes ces concessions à l'esprit de progrès et de liberté, arrachées par la force des choses à la tyrannie elle-même, le titre de *citoyen romain*, enfermé pendant tant de siècles dans les murailles de la Ville Éternelle, fut déclaré accessible aux alliés et aux étrangers. La vocation politique des Gentils préparait leur vocation religieuse.

Peu de temps après, naissait, en effet, en Judée, Celui dont la parole de paix et d'amour et la doctrine d'égalité et de liberté devaient exercer sur le développement laborieux de la perfectibilité humaine, une influence autrement puissante que celle du socialisme armé de l'insurgé Spartacus, du conspirateur Catilina ou du dictateur César.

Cette parole ne retentit tout d'abord que sur

les rives du Jourdain, mais elle annonçait le règne de Dieu, c'est-à-dire de la justice, de l'égalité, de la liberté et de la fraternité sur la terre comme au ciel. C'était une promesse de rédemption qui ne s'adressait pas seulement aux enfants d'Israël, mais à tous les membres de la famille humaine. Ce caractère d'universalité devait produire nécessairement un apostolat international. Les barrières, qui emprisonnaient les peuples chez eux et perpétuaient les haines et les guerres, s'abaissèrent devant les porteurs héroïques de la bonne nouvelle. Pierre et Paul se chargèrent de remplir cette mission internationale dans Rome même, et quoique communistes dans leurs principes et dans l'organisation et la pratique de leur société particulière, ils se gardèrent de procéder par le pillage, l'incendie et le meurtre pour attirer les nations dans l'église naissante, sous la bannière de leur communauté, et ils donnèrent généreusement leur propre sang en *martyrs*, au lieu de verser celui des autres, en *assassins*, pour le triomphe de la fraternité universelle, comme l'avaient fait fatalement, faute d'intelligence et de foi, les internationaux de l'école de Capoue, ou de celle de Catilina.

Les événements témoignèrent de la fécondité et de la puissance que le martyre des apôtres et les persécutions avaient apportées à la rénovation sociale pacifiquement propagée. Le régime impérial, qui avait cru étouffer le christianisme dans le sang des martyrs, tomba un jour pour ne plus se relever, et sans entraîner Rome dans sa chute, parce que Rome était devenue chrétienne et qu'il lui était réservé de conserver, à ce titre, le gouvernement spirituel de l'Europe du moyen âge, et de transférer la prédominance morale et politique, dans cette Europe féodale et chrétienne, aux nations de race latine et de communion romaine.

II

L'histoire de cette merveilleuse conservation, par la race latine, de la supériorité morale, intellectuelle et politique parmi les peuples européens, après la conquête du vieil empire romain par les barbares de la Germanie, et pendant le long enfantement de la société moderne, cette histoire renferme une haute leçon pour les descendants de ces mêmes barbares qui se flattent, en plein XIXe siècle, de faire *primer* définitivement *la force sur le droit*, parce qu'ils ont triomphé un jour par les armes d'un empire ébranlé à la fois, comme celui de Rome antique, par le flot montant d'un socialisme international et révolutionnaire, et par l'action croissante et dissolvante d'un scepticisme épicurien, inséparable de l'égoïsme.

Il est vrai que le promoteur de la force brutale, dans ses prétentions à la suprématie européenne pour l'Allemagne, n'a pas à craindre, comme il l'aurait eu au moyen âge, la concurrence redoutable de la prééminence religieuse, de la supériorité spirituelle, et, partant, de la prédominance sociale de l'Église romaine. Il est vrai encore que la langue latine, associée à la décadence de la théocratie papale, a cessé d'être la langue internationale et officielle pour les cabinets européens ; mais il est vrai aussi que la métropole du monde chrétien, en perdant sa prépotence séculaire sur les rois et leurs sujets dans toute l'étendue de la chrétienté, n'a pas été condamnée néanmoins à voir le gouvernement moral des nations policées, passer des peuples de race latine à ceux de race germanique, et c'est la langue des fils aînés de l'Église défaillante, le français, et non pas l'allemand, qui est devenue l'instrument universel pour les communications internationales et officielles dans la diplomatie européenne.

Et cette préférence, donnée à la langue française comme héritière de la langue latine, dans le monde des chancelleries, n'était pas seule à témoigner que la primauté civilisatrice se trouvait transférée de Rome à Paris. Après plus de trois cents ans depuis la Renaissance; après les conquêtes de l'esprit moderne pendant les XVIIe et XVIIIe siècles, au milieu des calamités de la guerre étrangère et de la guerre civile, aux jours les plus tristes du Directoire, sous la menace des communistes de Babeuf, des chouans de Cadoudal, des émigrés de Condé et des soudards de Suwaroff ou de Brunswick, la France meurtrie, accablée, épuisée, faisait encore dire d'elle par De Maistre :

« Chaque nation, comme chaque individu, a reçu une mission qu'elle doit remplir. La France exerce sur l'Europe une véritable magistrature qu'il serait inutile de contester..... La Providence, qui proportionne toujours les moyens à la fin, et qui donne aux nations comme aux individus les organes nécessaires à l'accomplissement de leur destination, a précisément donné à la nation française deux instruments, et pour ainsi dire deux *bras*, avec lesquels elle remue le monde: *sa langue* et l'*esprit de prosélytisme* qui forme l'essence de son caractère; en sorte qu'elle a constamment le besoin et le pouvoir d'influencer les hommes.

« La puissance, j'ai presque dit *la monarchie* de la langue française, est visible; on peut tout au plus faire semblant d'en douter. Quant à l'esprit de prosétytisme, il est connu comme le soleil. Depuis la marchande de modes jusqu'au philosophe, c'est la partie saillante du caractère national. »

Pour la centième fois peut-être en remontant aux excursions antiques des peuplades septentrionales dans le midi de l'Europe, les descendants des Cimbres et des Teutons ont envahi et ravagé le vieux sol gaulois. A leur tête, les Prussiens viennent d'obtenir des succès inouïs sur la France, à laquelle ils ont enlevé deux de ses plus belles provinces. Mais ces vainqueurs si prodigieusement fortunés, lui ont-ils enlevé aussi les *deux bras* avec lesquels elle *remue le monde*, et *influence les hommes :* sa *langue* et son *esprit de prosélytisme?* Il le faudrait, pour lui enlever du même coup, comme on s'en flatte à Berlin, l'exercice de sa *véritable magistrature sur l'Europe.*

Grâce à Dieu, cette gigantesque amputation des deux bras de la France n'est pas aussi facile à opérer que M. de Bismark voudrait le faire croire à l'Allemagne ; et la suprématie française, en dépit des efforts herculéens du pangermanisme, et malgré notre écrasement momentané, loin d'être profondément atteinte, restera inébranlable aussi longtemps qu'elle ne sera pas dignement et définitivement remplacée. L'histoire de l'humanité l'atteste, le monde policé a toujours eu besoin d'avoir à sa tête un peuple particulièrement préposé à la garde et à la propagation des lumières acquises : dans l'antiquité, Thèbes et Memphis d'abord, Athènes et Rome dans la suite ; chez les modernes, la capitale de la France.

Oui, la primauté de la France, manifestement incontestable, quoique non écrite dans les traités, s'exercera légitimement dans les limites de l'ordre moral, si voisin de l'ordre politique, tant que le monde policé, qui a toujours besoin d'une magistrature centrale, n'aura pas trouvé ailleurs le siége de son foyer principal.

III

Nous savons bien que l'orgueil germanique s'est promis de démontrer par la force des armes au monde policé, qu'il n'a plus à chercher ce foyer central, et que l'Athènes moderne n'est ni à Rome ni à Paris, mais à Berlin ou à Francfort.

Quelque étrange que soit cette prétention, ce serait une erreur de croire qu'elle n'a pu se produire que dans l'ivresse de la victoire. Bien avant les succès étourdissants de Sadowa et de Sedan, l'idée de la transmission de la suprématie politique, religieuse et civilisatrice, en Europe, à la Prusse conquérante, avait été conçue et propagée par une secte qui fondait ses vues ambitieuses sur l'alliance du mysticisme le plus intolérant avec le militarisme le plus insatiable. Elle est connue sous le nom de Borussianisme. Dès 1862, un de ses organes les plus éminents, le docteur Hœusser, professeur à Heidelberg, signalait hautement dans les *Annales prussiennes* le but de cette puissante association. Il s'agissait de régénérer l'empire d'Allemagne et d'opérer *des transformations politiques basées sur l'autorité du souverain et sur le protestantisme*. C'était la vocation providentielle de la Prusse; les adeptes professent qu'*elle est supérieure à tous les droits et que tout ce qui la contrarie est une injustice*. C'est un Allemand, M. Ketteler, évêque de Mayence, qui a dénoncé ce fanatisme dans son livre de *l'Allemagne après la guerre de* 1866.

Voyons maintenant si cette supériorité purement militaire, établie sur les hasards ou les résultats d'une seule campagne, a pour appui et confort en Prusse les qualités essentielles, les conditions fondamentales, qui constituent la supériorité morale et déterminent l'aptitude à l'exercice d'une magistrature, comme celle de la France, sur le monde policé.

Nous n'avons pas besoin de dire que la Prusse ne possède pas évidemment les *deux instruments* dont la France s'est servie de temps immémorial, dont elle se sert encore aujourd'hui au milieu de ses malheurs et dont elle continuera de se servir *pour remuer le monde*, en dépit des bonnes fortunes du pangermanisme.

Mais en dehors de la puissance de ces deux instruments (la langue et l'esprit de prosélytisme de la France) qui manquent à la Prusse et dont le défaut rend bien difficile l'avénement de la race germanique à la primauté européenne, il y a d'autres considérations bien plus graves qui rendent tout à fait impossible, à cette heure, l'élévation des derniers gardiens de la barbarie tudesque au premier rang des peuples civilisés.

Il suffit, pour être pleinement convaincu de cette impossibilité, de voir où en est aujourd'hui la civilisation, de bien comprendre d'où elle vient et où elle va, et de mettre ses exigences, ses besoins et ses moyens, pour la conservation de ses progrès accomplis et pour la réalisation de ses progrès futurs, en regard des idées et des pratiques politiques et religieuses, qui règnent d'une manière absolue à Berlin.

La civilisation, dans sa marche irrésistible, quoique toujours violemment contrariée par les bénéficiaires du passé, adorateurs de *la force qui pour eux prime le droit*, la civilisation est visiblement parvenue à faire du travail pacifique, dans l'ordre intellectuel et matériel, le maître présomptif de l'avenir. Elle a donné au monde pour cela de merveilleux instruments : la vapeur, les chemins de fer, le télégraphe électrique, etc., etc. Le monde, ainsi doté, se sent trop puissant et trop fort, par sa science et son industrie, par ses lumières et ses richesses, par l'active fécondité de ses classes laborieuses, pour souffrir longtemps encore que la tradition féodale, annulant les conquêtes morales de la philosophie moderne et de la révolution française, menace incessamment les nations policées des retours périodiques de la guerre, et les expose, à chaque instant, à voir l'élite de leurs producteurs transformée en impitoyables destructeurs; leurs fertiles plaines, leurs champs nourriciers, changés en champs de carnage et en vastes cimetières, et les dons précieux de la civilisation, chemins et télégraphes, interceptés ou brisés, toutes les fois qu'une dissidence surgira entre ses vieux maîtres.

Quelqu'un oserait-il prétendre que la Prusse soit constituée et gouvernée pour marcher à la tête de ce mouvement civilisateur qui doit conduire à la pacification universelle ? Il n'y a pas encore deux ans que M. de Bismark, ayant à répondre à une proposition de désarmement général qui lui était faite par lord Clarendon, au nom de l'Angleterre appuyée par la France, déclarait résolument :

« Qu'il était impossible à la Prusse de modifier un système militaire entré si profondément dans les traditions du pays, qui formait une des bases de sa constitution et n'avait rien que de normal. »

Ajoutons que dans ce pays, essentiellement constitué pour la guerre, l'armée est féodalement organisée au profit de l'aristocratie, et que le principe féodal, dispensateur unique de la souveraineté héréditaire, y couronne l'édifice. Oui, dans le nouvel empire d'Allemagne, c'est toujours le *droit divin* qui *prime et régit la force*, et c'est la *force* qui *prime le droit humain*. La tradition du moyen âge, maîtresse partout, voilà la Prusse de la fin du XIXe siècle !

Ce n'est pas là que peut se trouver le gardien privilégié et suprême des destinées de l'Europe civilisée !

L'orgueil prussien ne peut pas admettre, il est vrai, la possibilité du prompt rétablissement de la prépondérance française en Europe. En énumérant les canons et les milliards, les citadelles et les provinces que la victoire a fait passer dans ses mains, le pangermanisme est porté à considérer comme définitives la défaite, l'humiliation, la chute, la ruine de la France. Cependant, ce n'est pas seulement sur la supériorité de l'organisation militaire de la Prusse que les illuminés de Berlin fondent leur espérance d'annuler et de remplacer l'influence française, et de mettre fin par là à la prédominance morale de la race latine pour la transmettre à la race germanique. Ce que leurs ancêtres ont si longtemps tenté en vain ; ce que les barbares du moyen âge, dans leurs plus heureuses irruptions, n'ont jamais pu obtenir, la prééminence intellectuelle et morale, aussi bien que la primauté politique sur les peuples vaincus et les pays conquis, les enfants de Vitikind se croient appelés à le réaliser en ce siècle, en se prévalant de la double possession de la force brutale qu'ils doivent à leur artillerie et de la force spirituelle qu'ils tirent de leur foi religieuse. Les *Annales prussiennes* de 1862, que nous avons citées plus haut, le déclarent formellement : la Prusse prétend ressusciter l'empire d'Allemagne en se basant *sur l'autorité du souverain et sur le protestantisme.*

Nous avons assez dit ce que peuvent valoir, pour l'avenir du monde policé, des transformations politiques accomplies par l'autorité d'un souverain qui s'est proclamé le champion indomptable du droit divin. Voyons maintenant ce que promet à la cause des peuples avancés en civilisation l'intervention du protestantisme.

IV.

Ce n'est pas nous, certes, qui réclamerons contre la nécessité d'une intervention religieuse pour rendre possible, durable et féconde une rénovation sociale qui est l'objet d'une aspiration universelle, au sein des masses populaires, et qui ne pourra enfanter que d'effroyables désordres aussi longtemps qu'elle ne sera pas réglée, dirigée par une croyance commune.

Notre opinion sur ce point fondamental a été exprimée longtemps avant qu'elle fût justifiée, comme elle l'a été de nos jours, par d'horribles événements.

C'était à la fin de 1830. La ligue internationale des travailleurs n'existait pas et elle était encore loin de se former. Mais pour les observateurs attentifs, les éléments et les causes de sa formation apparaissaient à l'horizon comme des signes précurseurs d'orages. Nous dîmes alors dans une réunion publique, et nous fîmes insérer dans le *Globe* ce qui suit :

« L'activité matérielle des peuples ne sera plus militaire dans l'avenir; elle ne s'appliquera plus à dépouiller, à massacrer les hommes, mais à exploiter, à féconder le globe au profit de tous les hommes.

« Les masses industrielles! voilà donc les éléments de l'existence matérielle de la société future! Les classes laborieuses! voilà les conquérants nouveaux qui doivent s'établir sur les ruines du monde féodal! Mais ces conquérants, s'ils n'apportent pas au milieu de nous la barbarie des Huns et des Sarmates, s'ils ne viennent pas des déserts de la Scythie, sortent du moins de leurs ateliers et de leurs champs, comme du fond d'autres Palus-Méotides, où ils ont végété dans l'ignorance et la misère....

«... Ah! s'ils venaient à céder à l'impatience brutale qui les entraîne vers les biens dont ils sont entourés sans pouvoir y toucher, qu'ils produisent sans en jouir; s'ils restaient abandonnés à la convoitise fougueuse qui les tourmente et les dévore; s'ils tentaient de sortir de la position infime et malheureuse qu'ils occupent pour envahir violemment la position des classes élevées, sans autres guides que leurs passions désordonnées, sans avoir agrandi la sphère de leurs sentiments et de leurs idées, sans avoir reçu la lumière et le frein d'une nouvelle foi, d'une croyance commune, des scènes de carnage et de dévastation épouvanteraient encore le monde!

«Voyez plutôt comment ces populations infortunées, déshéritées en même temps de l'éducation et de la fortune, manifestent leurs désirs d'amélioration en l'absence d'une doctrine, d'une croyance religieuse. Voyez les ouvriers de la Belgique, les paysans de l'Allemagne et de l'Angleterre, promener le fer et le feu sur leur pays! Voyez, plus près de nous, tout ce qu'il y a d'effrayant dans la situation misérable, dans les plaintes, les murmures et les soulèvements des travailleurs les plus civilisés de l'univers, et pressez-vous d'accueillir l'annonce et de reconnaître l'urgence d'une nouvelle croyance commune; pressez-vous : *Voilà les barbares!*»

Les barbares vinrent, en effet, ayant inscrit sur leur drapeau cette devise : *Vivre en travail-*

lant, ou mourir en combattant. En 1831, Lyon tomba en leur pouvoir, et, il faut le reconnaître, ces barbares se montrèrent encore, dans leur triomphe éphémère, assez imbus de l'esprit de la civilisation contemporaine pour interdire le pillage sous peine de mort. Il n'en furent pas moins réprimés par des ordres impitoyables, comme ils devaient s'y attendre. Malheur aux générations qui traversent des époques de révolution et d'insurrection, où le défaut de pitié s'impose comme une nécesssité officielle et presque comme une vertu civique! Mais les barbares, impitoyablement réprimés, rencontrèrent dans leur défaite quelque chose de plus cruel pour leur avenir qu'un déni de compassion. Ils avaient articulé que le salaire traditionnel dont les patrons payaient leur travail était insuffisant à les faire vivre, eux et leur famille, et ils invoquaient la sollicitude de la puissance publique, qu'ils prenaient pour une providence sociale. Cette question capitale ayant été portée à la tribune de la Chambre des Députés, on leur répondit que *toute tentative du gouvernement de vouloir intervenir dans les relations de la propriété et du travail serait chimérique et funeste; que l'état actuel n'était que le cours or-*

dinaire des choses; qu'il serait fâcheux que le gouvernement prît sur lui la responsabilité de guérir les maux de la société, car cette guérison est impossible.

Cette fin de non-recevoir rappelait trop la fameuse inscription de *Dante*. Et cependant c'était le dernier mot, la seule réponse que les plus grands esprits de la philosophie critique et du libéralisme pussent hasarder, *in extremis,* sans abjurer leurs principes d'économie politique et sociale. Aussi qu'arriva-t-il? Le mal, déclaré incurable par le gouvernement, continua de ravager la société. A la première occasion, les barbares devaient reparaître. Ils n'y manquèrent pas. Le 6 juin 1832, ce fut Paris qui éprouva cette nouvelle irruption. Que fîmes-nous alors, nous, qui, un an auparavant, avions signalé leur approche, en insistant sur la nécessité, sur l'urgence d'une grande réforme pacifique, sociale et religieuse? Nous poursuivîmes notre œuvre de conciliation des partis et la propagation paisible de nos doctrines; et, au lieu de dire, avec les coryphées de l'éclectisme régnant, que la puissance publique devait s'abstenir rigoureusement de toute immixtion dans les démêlés de la propriété et du travail et que la guérison des souffrances des travailleurs était impossible, nous fîmes un appel au gouvernement pour qu'il encourageât, par des subsides, les grandes entreprises industrielles. Un manifeste, affiché dans tout Paris, au bruit du canon, renfermait le passage suivant :

« Nous aimons tous les partis, parce que chacun a quelque chose en soi de juste, de bon, de légitime.

« Mais nous ne sommes avec aucun parti, parce qu'aucun ne peut triompher sans tyranniser les autres, parce qu'aucun ne peut faire le bonheur de la France, puisque le bonheur est dans *la paix*, dans l'*union*, dans le *travail*, dans *la richesse*, et que tous les partis sont obligés d'employer, pour réussir, la *guerre*, la *discorde*, la *haine*, ennemies du travail et de la richesse....

« Comment les faire disparaître? En leur offrant à *tous* un BUT que TOUS puissent AIMER.

« Or, nous, saint-simoniens, nous avons cherché un but qui fût dans l'intérêt de tous les partis; notre maître, Enfantin, l'a trouvé et notre vie est consacrée à le faire connaître.

« Le but, c'est *le développement de l'in-*

dustrie, l'organisation en grand du travail, l'affranchissement pacifique et progressif des travailleurs ;

« Et nous avons indiqué les moyens actuels de l'atteindre :

« 1° En commençant immédiatement le CHEMIN DE FER DE PARIS A MARSEILLE ;

« 2° En exécutant le projet depuis si longtemps présenté d'une distribution générale d'eau dans Paris;

« 3° En perçant une rue du Louvre à la Bastille, etc., etc. »

Le manifeste demandait ensuite que pour entreprendre et activer ces travaux le gouvernement leur appliquât les 87 millions perdus tous les ans à l'amortissement.

Ces grands travaux n'ont été exécutés que trente ans plus tard, sur les plans, ou par l'iniative ou avec le concours principal d'Enfantin et de quelques-uns de ses disciples.

En 1832, les conservateurs ne pensaient encore qu'à rire des avertissements des saint-simoniens et à perfectionner leur système favori de répression impitoyable. Le geôlier et le bourreau devaient suffire pour préserver l'ordre social existant de toute atteinte. Cette triste politique porta ses fruits. De nouvelles insurrections éclatèrent en 1834, à Lyon, à Saint-Étienne et à Paris même. Elles eurent le même sort que les précédentes et ne servirent qu'à justifier ce que nous avions dit tant de fois aux ouvriers, que ce n'était pas le glaive de Spartacus qui avait affranchi les esclaves, mais la parole du Christ.

Après les insurrections, vinrent les complots et les attentats. Le désordre changeait ses moyens d'expression, le gouvernement ne savait que répéter et aggraver sa législation pénale.

C'était tout ce que les hommes d'État de ce temps pouvaient opposer à la menace d'une révolution sociale qui s'était tant de fois annoncée par le soulèvement des classes ouvrières ! L'aveuglement avait été tel tout d'abord sur cette question capitale dans les hautes régions du pouvoir, que les esprits qui se piquaient le plus de pénétration et de sagacité avaient affecté hautement, jusques dans leurs discours officiels, la plus complète assurance sur la vanité des prétentions radicales et sur la turbulence impuissante de l'esprit démocratique.

« Les philosophes et les tribuns les plus

célèbres du XVIIIe siècle, s'était-on écrié en pleine tribune, avaient prédit qu'il n'y aurait bientôt plus ni nobles ni rois, et nous avons toujours des rois et des nobles; ils avaient annoncé que la royauté et l'aristrocratie seraient un jour errantes le long des républiques, et l'aristocratie et la royauté sont toujours debout. »

Railler le génie préparateur de l'immense rénovation de 1789 sur la stérilité de ses conceptions et la fausseté de ses prophéties, nous apparut comme un excès d'étourderie et d'ingratitude; et dans une tribune privée où nous osions contrôler les incartades officielles, nous adressâmes cette apostrophe aux moqueurs malavisés des célébrités philosophiques et politiques du dernier siècle :

« Nos philosophes et nos tribuns se sont-ils tellement trompés que votre raillerie puisse les atteindre? Où sont les nobles et les rois dont ils présagèrent la chute? Montrez-nous l'aristocratie et la royauté dont ils célébrèrent d'avance les funérailles! Vous qui osez rire de ces colosses d'intelligence et de renommée, relisez donc les pages que le génie de l'histoire vous dicta autrefois. Allez méditer dans la solitude de Versailles, aux environs du Jeu de Paume, sur les ruines de la Bastille, à la place de la Concorde, et riez ensuite, si vous en avez le courage, des folles prédictions du XVIIIe siècle! Et si ce lugubre tableau du long enterrement des nobles et des rois, impitoyablement condamnés par nos pères, ne suffit pas pour vous faire prendre au sérieux les prophéties démocratiques de la philosophie et de la tribune, voyez ce que nous-mêmes, hommes du XIXe siècle, nous avons fait de cette royauté et de cette aristocratie qui vous paraissent avoir survécu aux prévisions de nos devanciers, pour les démentir et pour fournir à leurs superbes contempteurs un vaste sujet de moquerie. Le génie lui-même, roi de notre choix, est tombé du trône quand nous n'avons plus voulu l'y soutenir; la légitimité, protégée par une ligue redoutable, a cessé de régner sur nous quand il nous a paru que son heure était venue. La souveraineté du peuple et le droit divin ne nous ont donné tour à tour que des magistrats révocables qui n'avaient des rois que le nom, et qui, aux yeux de la France, ne faisaient plus qu'appliquer des sobriquets à leurs courtisans quand ils croyaient faire des nobles. Railleurs des philosophes et des tribuns, consolateurs des nobles et des rois, songez donc à Sainte-Hélène et à Holyrood, avant de taxer de ridicule le présage de tant de catastrophes accomplies! Songez que si la noblesse et la royauté ne sont pas errantes le long des républiques, elles promènent leur nullité ou proclament leur péril le long des révolutions! »

Ce qui était frappant de vérité il y quarante ans, n'a fait que s'affirmer de plus en plus dans la conscience universelle. Aujourd'hui, plus que jamais, la royauté promène sa nullité le long des révolutions, et nous voyons, en France même, trois dynasties errantes autour ou dans le sein d'une république dont la présidence rend justement fier et heureux, autant que dévoué, l'homme d'État même qui traita si lestement, à son début, les prédictions républicaines du XVIIIe siècle.

Mais si grave que fût l'erreur des fondateurs de la monarchie de Juillet sur le sort des nobles et des rois, il y avait pour eux un danger plus grand à se tromper sur le sort des prolétaires. Or, leur prévoyance était encore plus courte sur l'avenir et l'importance du socialisme que sur les chances d'une réapparition de la république. Nous avons rappelé textuellement la déclaration de M. Guizot sur l'incompétence absolue de l'autorité publique dans les questions sociales. Quelle haute leçon était donc réservée sur ce point capital à l'illustre professeur, lorsqu'il partit pour l'ambassade de Londres, où l'attendaient, de la part de Robert Peel, et au sujet de l'état social de l'Europe, des épanchements suprêmes comme celui-ci :

« Il y a là (et M. Guizot nous apprend que Robert Peel disait cela sans cesse) trop de souffrance et de perplexité ; c'est une honte comme un péril pour notre civilisation : il faut absolument rendre la condition de ce peuple du travail manuel moins dure et moins précaire. On n'y peut pas tout, bien s'en faut, mais on y peut quelque chose, et on y doit faire tout ce qui se peut. »

Rien n'annonça depuis que ces avertissements confidentiels eussent profité au conseiller du roi Louis-Philippe. Il tomba du pouvoir sur une question de mesquine réforme électorale et devant une émeute, grosse à la fois de la république et du socialisme.

La république reçut seule le baptême constitutionnel ; le socialisme fut écarté comme un bâtard compromettant, et il provoqua même autour de lui, surtout parmi les républicains des classes bourgeoises, plus d'effroi que de sympathie. Il ne pouvait en être autrement. Au 24 février et au 24 juin 1848, le socialisme n'avait rien perdu de son caractère fatalement barbare, tel que nous l'avions signalé en 1831. C'était toujours la même prétention d'obtenir violemment satisfaction des classes élevées, de procéder même à une liquidation sociale, sur les plans de quelques théoriciens plus ou moins aventureux, et de tenter la création d'un monde nouveau, sans autres guides que des passions désordonnées, sans avoir agrandi la sphère des sentiments et des idées dans les masses et dans tous les rangs de la société, sans avoir surtout reçu la lumière et le frein d'une foi nouvelle. Il était évident que, dans de pareilles conditions, le socialisme ne pouvait que justifier toutes nos prévisions en épouvantant encore le monde par des scènes de carnage et de dévastation.

V

Les vingt ans écoulés depuis sous l'Empire, et pendant lesquels le socialisme a obtenu l'abolition du délit de coalition et la désuétude des peines portées par le Code pénal contre les associations et les réunions non autorisées de plus de vingt personnes; ces vingt ans ont-ils atténué les souffrances, calmé l'irritation, développé l'intelligence et amélioré l'état moral du socialisme révolutionnaire?

Nous nous faisons cette question en face des ruines encore fumantes de tant de monuments que nous avons été condamnés à voir brûler de fond en comble, il n'y a pas encore un an.

Plus que jamais donc le socialisme sans foi et sans discipline s'est rendu applicable le nom de *barbare*, plus que jamais il a épouvanté le monde par le carnage et la dévastation.

Quand nous signalions, en 1830, le danger imminent d'une réforme sociale, tentée en l'absence de tout frein religieux, de toute croyance commune, nous n'avions devant nous que l'incrédulité purement critique des masses agitées par la démagogie ou la misère. Mais les meneurs du socialisme radical et militant se sont ravisés. Ils ont pensé que, pour accomplir leur œuvre de complète destruction, il ne leur suffisait pas de la mollesse ou de l'inertie du scepticisme, et ils ont pris cette tournure pour ériger l'athéisme en dogme. Au lieu de nier tout simplement l'existence de Dieu, ils ont dit : *Dieu, c'est le mal.* Et dès lors vite une sainte croisade de l'humanité contre le MAL !

Malheureusement, ces accès d'un philosophisme épileptique, sans être ostensiblement bien contagieux, n'étaient pas sans rapport intime avec un monde où l'anarchie des idées et des intérêts et le défaut de lien moral ne laissaient plus un caractère d'universalité qu'au penchant le plus subversif de la sociabilité humaine, à l'égoïsme ; l'égoïsme d'autant plus à l'aise pour isoler l'homme de l'homme, qu'il l'a préalablement isolé de Dieu.

Que l'on multiplie donc les juridictions et les commissions, les enquêtes et les interrogatoires, pour découvrir et punir les incapacités, les défaillances ou les trahisons éparpillées dans les mille incidents et les détails innombrables des malheurs inouïs accumulés sur la France, tout ce déploiement minutieux d'ardeur investigatrice, très-louable sans doute, pourra bien atteindre, aux degrés même les plus élevés de l'échelle sociale, quelques-uns des instruments plus ou moins actifs des calamités que nous avons subies, mais sans dévoiler, sans flétrir, sans désarmer et sans rendre désormais inoffensif l'auteur principal de tant de maux, le vrai, le grand coupable, qui n'est pas autre que l'*athéisme*. Oui, c'est l'ATHÉISME, tantôt excitateur audacieux, tantôt conseiller intime de l'égoïsme, sous les dehors d'une foi hypocrite, qui fait les mauvais gouvernants et les mauvais gouvernés, les mauvais soldats et les mauvais citoyens, en affaiblissant ou en brisant le nerf social, et en faisant ainsi prévaloir l'intérêt personnel sur l'intérêt général.

Qu'est-ce à dire? Les croyants fanatiques à la vocation providentielle de la Prusse féodale et protestante auraient-ils raison, et la France serait-elle réellement et à jamais déchue de son rang suprême, en Europe et dans le monde policé tout entier, pour avoir laissé éteindre dans son sein tout rayon de foi religieuse, et épuisé par là sa séve morale?

Non, mille fois non, rien d'aussi désespérant ne s'est passé et ne se passera en France (notre démenti est bien justifié par l'élan national pour la délivrance du sol français). « Il n'y a plus de foi sur la terre, a dit de Maistre, le genre humain ne peut rester dans cet état. » Eh bien, s'il y a un coin sur la terre où ait été déposé et tenu en réserve le germe de la foi qui manque au genre humain en remplacement de ses croyances éteintes, ce coin privilégié n'est pas évidemment et ne peut pas être là où l'esprit religieux n'est plus que le complice de l'esprit féodal, là où le mysticisme hypocrite et servile d'une secte protestante va jusqu'à renier le principe même de la réforme, le libre examen, le *rationalisme*, pour raviver les traditions superstitieuses et absolutistes du moyen âge, c'est-à-dire tout ce qu'il y a de plus incompatible, en religion et en politique, avec le flot montant de la raison, de la science et de la démocratie, maîtresses présomptives de l'avenir. Arrière donc borusses ou piétistes, rationalistes renégats, ce n'est pas dans votre sein, dernier refuge du fanatisme biblique mêlé au culte du droit divin, que peut se trouver le germe d'une foi nouvelle, pour le genre humain, le virus d'une régénération universelle !

Les profonds penseurs, les puissants manieurs d'idées, n'ont pas manqué certainement à l'Allemagne, depuis Leibnitz jusqu'à Hégel, en passant par Kant, Fichte et Schelling; mais tous ces grands esprits, comme on en a fait la remarque, plus ou moins accessibles à l'instinct religieux, n'ont été après tout que des philosophes dont la religiosité est restée purement spéculative et individuelle, sans rien produire de nouveau en métaphysique, et surtout sans apporter ni sérieuse attention, ni vive lumière, ni active sollicitude à la question capitale du rôle social réservé au sentiment religieux, ou, pour mieux dire, à l'institution religieuse, dans l'avenir.

La race germanique est destinée sans doute à prendre un rang élevé dans cet avenir de la société européenne; mais ce ne peut être en marchant à reculons sous le drapeau de la Prusse féodale qu'elle y parviendra. Elle renferme dans son immense et féconde population sa bonne part des conquérants du monde nouveau. Mais ces conquérants sont encore chez elle, comme dans le reste de l'Europe, des barbares athées, des socialistes effrénés, condamnés à épouvanter l'humanité aussi longtemps qu'ils n'auront pas renoncé à leur négation absolue de toute divinité, et retrouvé le lien d'une croyance commune.

Mais où faut-il donc chercher, où peut-on

découvrir ce lien indispensable pour la régénération universelle, si ce n'est là où l'athéisme, malgré l'étendue et la profondeur de ses ravages, a rencontré des contradicteurs aussi bien inspirés que mûrement réfléchis, et qui n'ont pas craint de se dresser en face de lui pour signaler et repousser énergiquement sa prétention orgueilleuse et mensongère de parler au nom de la raison et de la science, et pour démontrer que la valeur rationnelle et scientifique de son audacieuse négation devait être nécessairement limitée aux divinités que l'homme a faites si longtemps à son image dans le cours des siècles, c'est-à-dire, à l'anthropomorphisme de toute origine, biblique ou homérique, oriental ou occidental?

Oui, c'est encore, n'en déplaise aux piétistes illuminés de l'Oder et de la Sprée, c'est encore dans cette France, militairement si écrasée, diplomatiquement si délaissée, financièrement si épuisée, territorialement si mutilée, religieusement et moralement si délabrée; c'est dans cette France sur laquelle viennent de s'abattre à la fois, comme sur l'ancienne Rome, tous les genres de barbarie; c'est sur ce sol couvert de tant de ruines et baigné de tant de sang et de larmes, que doit s'accomplir, se réaliser l'option imposée par de Maistre à tout vrai philosophe, dans ce fameux passage des *Considérations sur la France :*

« Lorsque je considère l'affaiblissement général des principes moraux, la divergence des opinions, l'ébranlement des souverainetés qui manquent de base, l'immensité de nos besoins et l'inanité de nos moyens, il me semble que tout vrai philosophe doit opter entre ces deux hypothèses, ou qu'il va se former une nouvelle religion, ou que le christianisme sera rajeuni de quelque manière extraordinaire..... Cette conjecture ne sera repoussée dédaigneusement que par ces hommes à courte vue, qui ne croient possible que ce qu'ils voient. Pline, comme il est prouvé par sa fameuse lettre, n'avait pas la moindre idée du géant dont il ne voyait que l'enfance. »

Trente ans seulement après cette conjecture, un vrai philosophe, Saint-Simon, publiait le *Nouveau Christianisme*, qui était à la fois une religion nouvelle et un rajeunissement ou une transformation progressive de l'ancienne.

Dans cette publication capitale, Saint-Simon ne faisait que développer la pensée qu'il avait exprimée, dès 1802, dans ses *Lettres d'un habi-*

tant de Genève à ses contemporains, et qu'il avait reproduite en 1810, dans sa correspondance avec son neveu, sur la religion considérée comme nécessité sociale et soumise à toutes les modifications exigées par le progrès des lumières.

En 1825, convaincu plus que jamais que la société moderne se trouvait dans un état de crise scientifique, morale et politique, et que cette crise était déterminée par la modification qui s'opérait dans l'idée religieuse (au milieu même du scepticisme universel qui inspirait à Lamennais son livre sur l'indifférence en matière de religion), Saint-Simon voulut couronner ses plans de réorganisation sociale, ses travaux sur la science et l'industrie, par un exposé sommaire de sa pensée sur le progrès religieux en voie de s'accomplir. C'en était fait, à ses yeux, des révélations bibliques dont le surnaturalisme avait provoqué les débordements de l'incrédulité régnante. Mais si le *bon Dieu* avait fait son temps, comme l'ont proclamé plus tard les énergumènes athées des clubs, ce ne pouvait être, nous ne saurions trop le dire, que *le bon Dieu de l'anthropomorphisme* et non pas le VRAI DIEU contre lequel la science, à moins de se jeter passionnément dans le domaine des conjectures, n'a pas de démonstration irrésistible à faire valoir.

Ce vrai Dieu, que Saint-Simon et ses disciples ont reconnu, n'est pas une découverte moderne. Les Pères du concile de Nicée l'avaient trouvé annoncé par les flambeaux de la primitive Église, par saint Jean et saint Paul notamment, et il avait fallu l'intervention de l'absolutisme césarien pour contraindre l'épiscopat chrétien à une concession à l'anthropomorphisme, concession, du reste, dont l'expérience des siècles devait justifier la nécessité temporaire comme expédient politique, mais qui ne peut plus aujourd'hui que contribuer à l'extinction croissante de la foi.

Saint-Simon et ses disciples ont donc professé et nous professons toujours que Dieu est l'Etre infini en qui se confondent le principe, la substance et la fin des Etres ; que ce Dieu vit et se sent vivre dans tout ce qui est; et que, selon le mot du grand apôtre, *tout est de lui*, *tout est par lui*, *tout est en lui*.

Cette révolution théologique, en détrônant le Dieu pur esprit personifié dans des individualités célestes, peut seule consacrer, régulariser et faire triompher pacifiquement la révolution sociale, qui nous a déjà coûté tant de maux, qui nous menace de tant d'autres encore, et à laquelle la marche progressive de l'humanité donne néanmoins une force invincible et assure une victoire tôt ou tard définitive.

La logique gouverne le monde. C'est au nom d'un dualisme originel, religieusement établi, que la philosophie et l'aristocratie païennes s'accordèrent pour supposer deux natures dans l'humanité, pour expliquer et justifier l'esclavage. C'est au nom du spiritualisme exclusif qu'un antagonisme dogmatique a été imaginé entre l'esprit et la matière, et exploité séculairement par les aristocraties chrétiennes et féodales. L'esprit étant réputé la substance unique, l'être absolu et le principe du bien, et la matière tirée du néant pour y rentrer formant le domaine du mal, il semblait naturel que les innombrables malheureux condamnés en naissant à mettre leur corps dans la dépendance perpétuelle des lois et des nécessités de l'ordre matériel, fussent fatalement associés à la flétrissure, aux souffrances et aux malédictions qui pesaient sur l'empire de Satan, dont ils étaient considérés comme sujets héréditaires, condammés au travail et à la misère par destination sociale.

Ce ne sera donc que lorsque cet antagonisme originel aura disparu de nos livres sacrés et de nos enseignements populaires, que l'on pourra logiquement, sous les auspices de la foi et de la raison réconciliées, amoindrir ou abolir les inégalités qui soulèvent de toutes parts de si vives protestations et qui perpétuent indéfiniment par là le danger de révolutions nouvelles.

C'est la transformation religieuse qui doit faciliter la réorganisation sociale. Quand la nature divine sera bien comprise dans son essence infinie, la nature humaine se comprendra bien elle-même dans son unité. C'est par cette compréhension de l'infini sans restriction irrationnelle et sans réserve impie ; c'est par la notion complète du grand Etre qui embrasse et sent vivre en lui tous les êtres ; c'est, en un mot, par la connaissance, l'amour et le culte de ce vrai Dieu, que la société moderne parviendra à pratiquer la vraie fraternité d'homme à homme, de classe à classe et de nation à nation, et qu'elle pourra remplacer l'Internationale révolutionnaire des athées ainsi que l'Internationale réactionnaire des jésuites par une internationale pacifique, religieuse et puissante, qui travaillera, sans plus craindre l'antagonisme de la foi et de la science, au progrès de la moralité, des lumières et du bien-être de la grande famille humaine, constituée en association universelle.

C'est dans la correspondance inédite d'Enfantin, dont nous entreprenons aujourd'hui la publication, que se trouve développée, d'année en année, l'idée saint-simonienne sur la nécessité et la nature de la modification théologique annoncée par le *Nouveau Christianisme*. On sait comment fut accueilli à son apparition ce signe de renaissance religieuse. Oser parler d'un retour sentimental et rationel au déisme comme pivot de l'édifice social, quand le scepticisme et l'athéisme se partageaient la prédominance dans le domaine de la pensée, c'était s'exposer à coup sûr aux sarcasmes des plus grands esprits. Mais les convictions fortes et sincères, en pareille matière, ne reculent pas plus devant le rire que devant le danger. Benjamin Constant nous prit pour des *prêtres de Thèbes et de Memphis*, et Chateaubriand s'amusa à dire que les audacieuses nouveautés dont les uns se moquaient et les autres s'effrayaient, n'étaient que des *friperies antiques*, appendues depuis vingt siècles dans les écoles de la Grèce. Le *Producteur* répondit à Benjamin

Constant; nous répondîmes à Chateaubriand dans le *Globe,* par cette apostrophe :

« Vous qui, dans votre pèlerinage poétique au berceau du christianisme, avez peint si énergiquement la vanité des outrages et des mépris qui entourent une religion naissante et qui empêchent d'apercevoir sa future grandeur à travers la faiblesse de son enfance ! Vous qui avez tracé ces paroles remarquables sur la caverne des apôtres :

« Tandis que le monde entier adorait, à la « face du soleil, mille divinités honteuses, « douze pêcheurs, cachés dans les entrailles de « la terre, dressaient la profession de foi du « genre humain et reconnaissaient l'unité du « Dieu créateur de ces astres, à la lumière « desquels on n'osait encore proclamer son exis- « tence. Si quelque Romain de la cour d'Auguste, « passant auprès de ce souterrain, eût aperçu « les douze Juifs qui composaient cette œuvre « sublime, quel mépris il eût témoigné pour « cette troupe superstitieuse ! Avec quel dédain « il eût parlé de ces premiers fidèles ! Et pour- « tant, ils allaient renverser les temples de ce « Romain, détruire la religion de ses pères, « changer les lois, la politique, la morale, la

« raison et jusqu'aux pensées des hommes! Ne « désespérons donc jamais du salut des peuples. « Les chrétiens gémissent aujourd'hui sur la « tiédeur de la foi; qui sait si Dieu n'a pas « planté dans une aire inconnue le grain de sé- « nevé qui doit multiplier dans les champs? « Peut-être cet espoir de salut est-il sous nos « yeux, sans que nous nous y arrêtions; peut- « être nous paraît-il aussi absurde que ridi- « cule. » (*Itinéraire*, p. 270, t. II.)

« Venez donc, ajoutions-nous, vous qui avez si bien prophétisé votre propre aveuglement, venez reconnaître le champ où le grain de sénevé a germé et fructifié; venez entendre les hommes qui ont le courage de réaliser ce que vous eûtes la hardiesse de pressentir. Venez voir de près ces guenilles qui de loin ne vous inspirent que du mépris, et nous osons vous promettre, nous qui ne sommes que d'hier, à vous colosse de renommée, à vous, vétéran de la gloire, nous osons vous promettre de faire briller une lumière nouvelle devant des yeux qui croient avoir tout vu, et de vous préserver à l'avenir du danger de rejeter comme de sales oripeaux ce qui peut et doit, selon nous, devenir la robe virile de l'humanité. »

Les événements survenus depuis un demi-siècle ont-ils changé la face des choses et démenti notre confiance en l'avenir de notre doctrine? Le grain de sénevé a-t-il été planté ailleurs et l'a-t-on découvert? Nous ne le pensons pas, à moins qu'on ne veuille le reconnaître dans les prétentions de la secte ambitieuse du pangermanisme, laquelle s'attribue une mission providentielle pour livrer l'Allemagne et soumettre l'Europe tout entière à la suprématie d'un impérialisme féodal, doublé d'un protestantisme rétrograde.

Mais le saint-simonisme, après avoir fait beaucoup de bruit dans ses commencements, ayant cessé de faire parler de lui, on se pressa de conclure, de sa réserve et de son silence, qu'il était mort. Il y a trois ou quatre ans à peine, un écrivain distingué, qui est aussi un penseur profond, consacra, dans une revue littéraire, quelques lignes critiques et bienveillantes à la défunte Ecole. Nous crûmes devoir le remercier de ses bonnes intentions, tout en lui reprochant de s'être trop hâté de faire du saint-simonisme l'objet d'une oraison funèbre : « Permettez-nous, Monsieur, lui dîmes-nous dans une lettre rendue publique par les journaux, permettez-nous de protester contre cette sépulture anticipée. Ceux qui ont eu la hardiesse, la *folie*, si vous voulez, de se proclamer les *hommes de l'avenir*, il y a quarante ans, et qui, loin d'avoir rencontré devant eux, pendant cette longue expérience, des concurrents dignes de revendiquer et de justifier ce titre, n'ont trouvé dans les agitations stériles des écoles, des églises, des parlements et des chancelleries du vieux monde, que des raisons de persévérer dans leurs prétentions; ceux-là, disons-nous, ont bien quelque droit de ne pas se laisser enterrer vivants et muets avec leurs croyances, quand ils sentent ces jeunes croyances plus vivaces que jamais en eux-mêmes, en dépit des glaces de l'âge, et malgré le voisinage insalubre d'un dogmatisme agonisant et d'un scepticisme contagieux. »

Tout ce qui s'est passé en France et en Europe depuis que nous tenions ce langage n'a pu que nous confirmer dans ces jeunes croyances et en maintenir la vivacité, malgré le voisinage insalubre qui est devenu tout à fait pestilentiel. La nécessité de la rénovation religieuse pour civiliser la barbarie démagogique et pour rendre acceptable et invincible la rénovation sociale, est chaque jour plus universellement sentie. En dépit des gens qui ne croient possible que ce qu'ils voient, le grain de sénevé continue de germer obscurément, et les planteurs, résignés dès longtemps à être méconnus, persévèrent dans leur foi et leur espoir sans impatience, parce qu'ils n'oublient pas que les grandes révolutions morales, dans la vie de l'humanité, ne triomphent définitivement de la puissance des obstacles qu'avec le concours de la puissance des siècles.

Heureux toutefois ces hommes, dans leur prévoyance et leur longanimité, quand ils peuvent, comme nous le pouvons aujourd'hui, constater des progrès immédiats et flagrants de leur doctrine!

Depuis un an, dans cette Angleterre qui a le bonheur de posséder parfois des hommes d'Etat dont la vue haute et lointaine embrasse les horizons de l'avenir et les porte à se préoccuper sérieusement de la condition misérable des classes ouvrières qui apparaissait sans cesse à Robert Peel comme *une honte et un péril pour notre civilisation;* dans cette Angleterre où les plaies sociales de notre temps sont si affreuses, un mouvement sympathique de curiosité et d'étude s'est manifesté à l'égard des idées saint-simoniennes; un écrivain distingué, Arthur Booth, a publié sous ce titre : *Saint-Simon et le saint-simonisme*, un livre remarquable par son exactitude et son impartialité, et auquel la presse britannique a fait l'accueil le plus favorable. Nous résumons ici en quelques lignes l'article d'une des feuilles anglaises sur cette importante publication :

« Les droits de Saint-Simon comme réformateur social ont été établis habilement par M. Booth dans son intéressant ouvrage. L'idée saint-simonienne était opposée à la servitude théologique. Le vrai christianisme doit rendre l'homme heureux sur la terre comme au ciel. La religion est progressive. Le nouveau christianisme réalisera le principe : *Aimez-vous les uns les autres*, et améliorera en conséquence la condition morale et physique du grand nombre. Le premier pas vers la réalisation de cette grande pensée est une mesure d'éducation générale. Le but religieux de la vie est d'acquérir des connaissances et de les employer utilement. » Le journaliste anglais rappelle ensuite que le libre-échange a eu pour premiers défenseurs les saints-simoniens, et il ajoute : « Il faut également faire remonter à la même source le projet maintenant largement répandu du développement intellectuel et social des femmes. »

Quant à Enfantin qui va se peindre lui-même dans la correspondance que nous entreprenons de publier, le journaliste anglais a esquissé sa grande figure en quelques traits que nous croyons devoir reproduire en terminant cette préface :

« Jamais homme plus extraordinaire n'a existé. Son influence personnelle était merveilleuse. S'il lui arriva quelquefois de pousser sa hardiesse novatrice jusqu'à l'extravagance, il ne faut pas oublier, non plus, qu'il apporta un grand sens pratique, une puissante faculté de réalisation, et un entier dévouement à l'exécution des travaux d'utilité publique les plus mémorables de notre époque, et qu'il se distingua par une amabilité et une simplicité admirables, jusqu'à la fin de son étonnante carrière. » (*Pall Mall*, 2 octobre 1871.)

Les membres du Conseil institué par Enfantin pour l'exécution de ses dernières volontés :

Arthur Enfantin, — César Lhabitant, Laurent *de l'Ardèche*, — Henri Fournel, — Adolphe Guéroult.

P. S. Pendant que s'achevait l'impression de ce volume, le Conseil institué par Enfantin pour l'exécution de ses dernières volontés perdait celui de ses membres que le maître avait chargé principalement de le faire revivre par la publication de ses œuvres, et qu'il avait nommé à cette fin son *légataire universel* : ARLÈS-DUFOUR !

La correspondance volumineuse que nous allons livrer à la publicité mettra en relief, bien mieux que nous ne saurions le faire ici, l'importance du concours ardent, énergique et fécond qu'Arlès ne cessa d'apporter à Enfantin, à toutes les phases de l'étonnante carrière de cet homme extraordinaire, sans que ce chaleureux dévouement ait jamais altéré dans Arlès l'indépendance de son caractère et la vivacité de sa rare et loyale franchise.

Mais, en attendant que la lecture des lettres de ces vrais apôtres du nouveau christianisme donne une idée exacte et complète de la valeur morale et intellectuelle d'Arlès, nous croyons devoir reproduire ici quelques lignes de l'article que notre ami Ad. Guéroult a consacré à sa mémoire dans l'*Opinion nationale* du 23 janvier :

« L'excellent ami que nous venons de perdre,

a dit Guéroult, a eu la vie la plus pleine, la mieux remplie, la plus utile aux autres, et par suite la plus heureuse dont un simple particulier puisse avoir à remercier la Providence.

« Fils de ses œuvres, né dans les dernières années du XVIIIe siècle, soldat un moment pour repousser l'invasion de 1814, il se jeta dans le commerce, et, grâce à son activité, à sa probité scrupuleuse, à la sûreté de ses relations, il finit par y conquérir une grande fortune et une considération plus grande encore.....

« Ses affaires n'ayant cessé de se développer, prirent un caractère cosmopolite qui lui permit de se lier avec presque tous les hommes importants, non-seulement de la France, mais de l'Angleterre, de l'Allemagne et de la Suisse.

« Adepte ardent et convaincu du saint-simonisme, Arlès-Dufour avait pris tellement au sérieux « l'amélioration morale, intellectuelle » et physique de la classe la plus nombreuse » et la plus pauvre, » qu'il ne cessa, jusqu'à ses derniers jours, d'encourager de sa bourse toutes les entreprises utiles, toutes les fondations populaires.

» Il était l'actionnaire-né de toutes les affaires qui lui paraissaient concourir à ce qui avait été le but de toute sa vie. Écoles, bibliothèques, journaux, sa famille seule peut savoir les sommes qu'il a consacrées à encourager le progrès sous toutes ses formes....... C'est ainsi qu'il venait de fonder dans sa résidence d'Oullins, près de Lyon, deux écoles qui lui ont coûté plus de cent mille francs. »

Après cet hommage rendu dans la presse à la mémoire d'Arlès par un coreligionnaire, un autre de ses plus anciens et meilleurs amis, M. Martin Paschoud, a prononcé sur sa tombe des paroles qui résument admirablement la pensée de tous ceux qui ont le mieux connu et le plus aimé ce grand praticien de la philanthropie positive et religieuse :

« Je veux parler, a dit M. Martin Paschoud, de ses sentiments religieux, au sujet desquels il ne faudrait pas qu'on se méprît, ici ou ailleurs, à cause de l'absence, qu'il a formellement prescrite, dans ses dernières volontés, de toute cérémonie religieuse...

« Arlès n'a jamais voulu se rattacher officiellement à aucune Eglise actuellement établie. C'est pourquoi, sincère et conséquent avec lui-même et avec les autres, jusques à la fin, il a interdit tout service religieux officiel à son enterrement.

« Est-ce à dire qu'Arlès repoussât toute manifestation pieuse, toute croyance, toute prière ? — Non, certes. — Je peux l'affirmer, parce que je le sais pertinemment, ayant eu le temps de l'apprendre dans une intimité de plus de quarante ans : Arlès adorait Dieu, partout, dans toutes ses œuvres ; il priait Dieu et trouvait bon qu'on le priât ; il croyait à la vie éternelle, et ne croyait pas à la mort qu'il appelait la transformation ; il regrettait souvent de n'être pas assez en communication fraternelle avec les autres pour aller prier avec eux, et il désirait vivement, il espérait, il attendait, il provoquait la formation d'une Église nouvelle, d'une Eglise libre, qui pût répondre mieux, selon son idée, aux besoins de son temps et de son pays...

« On a dit de lui, avec une parfaite vérité, qu'il poursuivait la sublime chimère de Fénelon ; comme l'archevêque de Cambrai, il aimait mieux son pays que sa famille, il aimait mieux l'humanité que son pays. On aurait pu ajouter avec la même vérité : il aimait mieux Dieu que l'humanité. — Si ce n'est pas là de la religion, quel sens faut-il donner à ce mot ?

« L'année dernière, à l'occasion des livrets de caisse d'épargne qu'il avait coutume de distribuer et des intéressantes écoles primaires supérieures qu'il venait de fonder, tout à côté, Arlès écrivait de Londres à ses enfants : « Lorsque » par le travail on s'est acquis de l'aisance ou » de la fortune, le plus grand bonheur, avant » d'entrer dans la vie future, c'est de faire du » bien aux autres. »

« Or, si la religion pure et sans tache consiste, comme l'a dit un apôtre, « à visiter les veuves et les orphelins dans leurs afflictions, » ou, comme l'a dit Jésus, « à aimer son prochain comme soi-même, » j'ose vous demander si vous connaissez beaucoup d'hommes plus religieux que cet homme-là ? »

Cet homme-là possédait, en effet, au plus haut degré le sentiment religieux, et il en avait fait depuis longtemps l'application à une doctrine également satisfaisante pour sa raison et pour son amour de Dieu et de l'humanité. Cette doctrine, devenue sa religion, Arlès l'avait professée solennellement sur la tombe d'Enfantin, en face de celle de Saint-Simon ; et cette religion est celle dont il poursuivait hier encore la propagation, avec nous, et qu'il continue à confesser et à répandre par ses dernières volontés, et par tous ceux qui le sentent revivre en eux.

www.ingramcontent.com/pod-product-compliance
Ingram Content Group UK Ltd.
Pitfield, Milton Keynes, MK11 3LW, UK
UKHW012105240726
13965UKWH00004B/1566